BEI GRIN MACHT SICH IHR WISSEN BEZAHLT

AF143579

- Wir veröffentlichen Ihre Hausarbeit,
  Bachelor- und Masterarbeit

- Ihr eigenes eBook und Buch -
  weltweit in allen wichtigen Shops

- Verdienen Sie an jedem Verkauf

Jetzt bei www.GRIN.com hochladen und kostenlos publizieren

GRIN ☺

Andre Budke

Modelle politischer Partizipation am Beispiel des politischen Katholizismus

GRIN Verlag

Bibliografische Information der Deutschen Nationalbibliothek:

Die Deutsche Bibliothek verzeichnet diese Publikation in der Deutschen National-
bibliografie; detaillierte bibliografische Daten sind im Internet über http://dnb.d-
nb.de/ abrufbar.

Impressum:

Copyright © 2003 GRIN Verlag GmbH
Druck und Bindung: Books on Demand GmbH, Norderstedt Germany
ISBN: 978-3-638-91275-4

Dieses Buch bei GRIN:

http://www.grin.com/de/e-book/84374/modelle-politischer-partizipation-am-beispiel-
des-politischen-katholizismus

GRIN - Your knowledge has value

Universität Osnabrück

Sommersemester 2003

Veranstaltung:

**Nach der Revolution: Reaktion im Deutschen Bund
und
gesellschaftlicher Aufbruch nach 1848/49**

Thema der Hausarbeit:

Modelle politischer Partizipation
am Beispiel des politischen Katholizismus

Vorgelegt von:
Andre Budke

Fachrichtung: Magister
Politik, Geschichte

Inhalt

1. Einleitung

Der Erfolg politischer Bewegungen hängt von mehreren Faktoren ab. Grundsätzlich hängt der Bestand einer politischen Bewegung davon ab, ob es ihr gelingt, eine innere Festigung zu erreichen, zum Beispiel durch integrierende Personen oder Werte. Zudem sollte über die Grundhaltung hinaus ein Konsens hinsichtlich der Ziele bestehen. Des Weiteren ist, um politische Schlagkraft zu erhalten, die Formierung einer Organisationsstruktur nötig. Heutzutage erfolgt dies meist in der Form einer Parteibildung. Auch Bürgerinitiativen transformieren sich, wenn sie denn Bestand haben, in Parteien, wie etwa die Grünen oder so genannte single issue parties. Diese Arbeit soll der Frage nachgehen, ob dieser Weg auch im 19. Jahrhundert Erfolg versprechend war oder ob in der Zeit vor der Reichsgründung 1870/71 die Wirkung von Parteien dem Einfluss von Massenorganisationen unterlegen war. Als Beispiel für eine politische Bewegung wurde hier der politische Katholizismus gewählt, da es in dieser sowohl ein ausgeprägtes Vereinswesen als auch eine Fraktion im preußischen Landtag gab. Zudem ist die Lage des politischen Katholizismus in Preußen dahingehend interessant, als er sich gegenüber dem protestantischen Staat in der Defensive befand und sich seine Erfolge so direkt in der Abwehr staatlicher Übergriffe auf Rechte der Kirche zum Beispiel messen lassen.

2. Grundlagen

2.1 Entstehung des politischen Katholizismus

Zu Beginn des 19.Jahrhunderts befand sich die katholische Kirche politisch und finanziell in der Defensive. Im Reichsdeputationshauptschluß wurden die Kirchengüter säkularisiert, gleichzeitig lösten die regionalen Machthaber viele Klöster und Orden auf und versuchten, Einfluss auf die kirchliche Politik zu nehmen. Auch im Inneren war die Amtskirche Kritik ausgesetzt durch die katholische Aufklärung, Espikopalismus und Modernismus. Verantwortlich gemacht hierfür wurde von der Kirchenobrigkeit der liberale Zeitgeist. Hieraus entwickelte sich ein „Antiliberalismus aus Tradition"[1], was in der Folge auch eine sachliche Auseinandersetzung mit dem wirtschaftlichen Liberalismus erschwerte. Durch die Industrialisierung und ihre gesellschaftlichen Folgen musste die Kirche ihr Sozialideal und ihre soziale Praxis anpassen, jedoch entwickelte sich ein überzeugendes Sozialideal erst mit

---

[1] Anton Rauscher (Hg): Der soziale und politische Katholizismus. Entwicklungslinien in Deutschland 1803-1963, 2 Bände,2.Bd., München/Wien 1982, S.54.

Ketteler zwischen 1864 und 1869. Vorher wurde die neue Wirtschaftsordnung in erster Linie unter moraltheologischen Gesichtspunkten gesehen. Zudem gab es keine Brücken zur politischen Diskussion über die soziale Frage. Der Liberalismus wurde abgelehnt, der Sozialismus hatte in Deutschland nur geringen Einfluss und der Kommunismus wurde erst um 1869 erwähnenswert in der politischen Diskussion in Deutschland. Die soziale Frage wurde durch den Katholizismus als erstes durch die Wiedereinrichtung der Caritas beantwortet. Auch lag in der Bekämpfung der Armut im Angesicht weitgehender gesellschaftlicher Isolation ein möglicher Weg zur Rückkehr aus der politischen Bedeutungslosigkeit.

2.2   Katholische Soziallehre

Der Begriff katholische Soziallehre fasst Aussagen der Kirche über den gesamten Bereich der sozialen Verhältnisse zusammen. Diese Lehre besteht aus der christlichen Offenbarung sowie aus der „natürlichen Sozialerkenntnis"[2], dem so genannten Naturrecht. Dies umfasst unbedingte Regeln des menschlichen Zusammenlebens, wie die Ächtung von Mord beispielsweise. Mit dem Aufkommen der sozialen Frage in Deutschland sah sich der Katholizismus neuen Herausforderungen gegenüber. Die soziale Frage wurde aber nicht nur als karitatives Problem, sondern als Problem der Gesellschaft gesehen, weshalb ein gesellschaftliches und auch politisches Engagement des Katholizismus die logische Folge war. Neben Versuchen der Selbsthilfe der Arbeiter durch Zusammenschlüsse, etwa die katholischen Gesellenvereine, wurde auch auf eine staatliche Intervention gesetzt.

2.3   Verfassungsstaatlichkeit

Oft wurde dem politischen Katholizismus vorgeworfen, er sei aufgrund der Hierarchie des Katholizismus (zum Beispiel der Unfehlbarkeit des Papstes) nicht für demokratische Strukturen geschaffen und daher könnte „...mit der katholischen Religion keine vernünftige Verfassung möglich..."[3] sein. Im Folgenden soll gezeigt werden, dass der politische Katholizismus die Einhaltung der Verfassung als wichtig erachtete und dies auch –wie etwa im Heereskonflikt – nach außen hin vertrat. Die im 19.Jahrhundert vorherrschende kirchliche Lehre vertrat den Anspruch, dass der Grundsatz der Trennung von Kirche und Staat eigentlich nicht rechtens sei. Die katholische Lehre galt als die „wahre" Religion, daher müsste eigentlich jeder Staat diese als Staatsreligion anerkennen. Andere Religionen könnten in

---

[2] Franz Josef Stegmann: Die katholische Kirche in der Sozialgeschichte. Die Gegenwart, München 1983, 151-516, zitiert in: Helga Grebing(Hg): Geschichte der Sozialideen in Deutschland. Sozialismus-Katholische Soziallehre-Protestantische Sozialethik. Ein Handbuch, Essen 2000, Kapitel: Franz Josef Stegmann/Peter Langhorst: Geschichte der sozialen Ideen im deutschen Katholizismus, S.599-862, hier S.605.
[3] Hegel: Vorlesungen über die Philosophie der Geschichte, Sämtliche Werke (ed.Glockner),11.Bd., S.530, zitiert in: Anton Rauscher (Hg): Der soziale und politische Katholizismus, S.46.

einem Staat höchstens geduldet werden um des inneren Friedens willen. Gleichzeitig fordert die katholische Kirche in allen Staaten, in denen eine Rolle als Staatsreligion durch die zu geringe eigene Anhängerschaft nicht möglich ist, eine paritätische Vertretung. Die Verschränkung von Staat und Kirche wird dadurch begründet, dass es zwischen den „Zuständigkeitsbereichen" der geistlichen und der weltlichen Macht Überschneidungen gäbe (zum Beispiel im Bildungsbereich) und diese deshalb gemeinsam arbeiten müssten. Die Katholische Fraktion trat geschlossen für den Verfassungsstaat ein, da es ihnen Nutzen brachte in der Verteidigung der Rechte der Kirche. So berief man sich ausdrücklich auf die Gewissensfreiheit, Unterrichtsfreiheit, Pressefreiheit und Vereinigungsfreiheit.

3.   Partei

3.1   Parteibegriff

Die gängigste einer politischen Interessenvereinigung ist die Partei. Was macht aber eine politische Partei aus. Heutzutage sind Parteien „relativ dauerhafte Gruppierungen, die sich die Durchsetzung gemeinsamer politischer Vorstellungen zum Ziel gesetzt haben und dafür sowohl eine Vertretung in Parlamenten bzw. Gemeinderäten als auch eine Anhängerschaft in der politischen Gesellschaft suchen."[4]. Jedoch findet sich im 19.Jahrhundert durch die relativ große Unabhängigkeit der einzelnen Honoratioren eine Ablehnung von fester Organisation, so dass Parteien hier eher Gesinnungsgemeinschaften entsprechen. Eine Partei ist also im allgemeinsten Sinn „eine Gruppe gleichgesinnter Bürger, die sich die Durchsetzung gemeinsamer politischer Vorstellungen zum Ziel gesetzt haben."[5].

3.2   Wahlen

Die Wahlkämpfe zeichneten sich bis Ende der 70er Jahre dadurch aus, dass sie weder sehr lang noch sehr intensiv geführt wurden[6]. „Dem Stil der Honoratiorenpolitik und der liberalen Vorstellung von einer Wahlentscheidung aus Einsicht entsprach eine intensive Werbung [...]

---

[4] Karl Rohe: Entwicklung der politischen Parteien und Parteiensysteme in Deutschland bis zum Jahre 1933; in: Oscar W. Gabriel/Oskar Niedermayer/Richard Stöss (Hg): Parteiendemokratie in Deutschland, 2.Aufl, Bonn 2001, S.39-85, hier S.40.
[5] Dieter Nohlen (Hg): Kleines Lexikon der Politik, München 2001, Stichwort „Partei", S.350.
[6] Oft war auch schon abzusehen, welche Kandidaten die Wahlen gewinnen würden, zumal die Auswahl beschränkt war. „In den Braunschweiger Wahlkreisen z. B. waren 1867 alle drei Kandidaten nationalliberal, das war so selbstverständlich, daß an die Aufstellung von Gegenkandidaten überhaupt nicht gedacht wurde. Ein Wahlausschuß in Braunschweig bezeichnete für die drei Wahlkreise die von ihm vorgeschlagenen Personen. Eine einmalige Anzeige in dem Braunschweiger Tageblatt war die einzige Wahlagitation." Zitiert aus: Thomas Nipperdey: Die Organisation der deutschen Parteien vor 1918, Reihe Beiträge zur Geschichte des Parlamentarismus und der politischen Parteien, Band 18, Düsseldorf 1961, S.37.

nicht."[7]. Wenn ein Wahlkampf intensiv geführt wurde, dann meist in Reaktion auf Parteinahme der Regierung und in Eigenregie des jeweiligen Kandidaten.

3.3 Selbstverständnis

Der politische Katholizismus zeichnet sich durch zwei grundlegende Merkmale aus. Er sieht einen moralischen Staatszweck. Da der Staat die größte Ordnungsmacht darstellt, müsse diese Macht dazu verwendet werden, die sittliche (göttlichen) Ordnung zu stärken. Allerdings umfasst dies nur die Bereiche der Sittlichkeit, die über das Private hinausgehen. Der Staat hat nach katholischer Auffassung keine Rechte in Bezug auf Privateigentum und auf die Familie. So sind Eltern selbst befugt, die Erziehung und Bildung ihrer Kinder zu bestimmen. „Ein staatliches Schulmonopol ist an sich, als dem natürlichen Rechte widersprechend, verwerflich."[8]. Zudem verlangt er die Unabhängigkeit der Kirche, das heißt des Weiterbestehens aller kirchlichen Privilegien. Die katholische Lehre lässt bei der Wahl der Staatsform volle Freiheit. Zwar sei Gott die Quelle der Macht, dem Menschen stehe es jedoch frei, wer diese Macht ausübe. Fest stehe nur, dass es eine staatliche Ordnung geben müsse. „Denn da der Mensch die notwendige Kultur und deren Einrichtungen, ebenso seine geistige und persönliche Vollendung in der Vereinzelung nicht erreichen kann, hat Gott es angeordnet, daß der Mensch von Geburt aus angelegt ist auf Vereinigung und Vergesellschaftung, sowohl in der Familie als auch im Staate, die allein das bieten können, was zur Lebensvollendung genügt."[9].

Grundsätzlich werden revolutionäre Tendenzen durch den politischen Katholizismus abgelehnt. „Die katholische Kirche ist wesentlich erhaltend. Selbst auf heiligen historischen Überlieferungen beruhend, ehrt sie alle wohlbegründeten Rechte und lehrt Treue und standhafte Ergebenheit. Alle Zerstörungen und gewaltsamen Umwälzungen sind ihr ein Greuel,... ."[10]. Hierdurch lag es zum Teil auch in Regierungsinteresse, der Kirche Bewegungsfreiheit zu belassen, da diese „der beste Damm gegen die Revolution"[11] ist.

---

[7] Thomas Nipperdey: Die Organisation der deutschen Parteien vor 1918, S.39.
[8] Ludwig Bergsträsser: Geschichte der politischen Parteien in Deutschland. 8/9.Aufl, München 1955, S.90.
[9] Ludwig Bergsträsser: Geschichte der politischen Parteien in Deutschland, S.89, zitiert aus der Enzyklika Immortale.
[10] Programm einer politischen Zeitung am Rhein, 1844, abgedruckt bei Karl Bachem, Josef Bachem, Köln 1912, S.378; in: Ludwig Bergsträsser: Der politische Katholizismus. Dokumente seiner Entwicklung (1815 bis 1870), München 1921-23, Nachdruck Hildesheim/New York 1976, S.98-101, hier S.99.
[11] Ludwig Bergsträsser: Geschichte der politischen Parteien in Deutschland, S.92.

3.4   Parteibildung in Preußen

Ausgangspunkt der Sammlung des politischen Katholizismus sind Übergriffe seitens des Staates auf die Kirche, wie etwa der Streit zwischen dem Kölner Erzbischof Vischering mit der Staatsregierung über die Frage der konfessionellen Mischehen. Als der Erzbischof durch die Regierung verhaftet wurde, wirkte dies als Sammlungszeichen in der Bevölkerung. Auch entstand hierdurch im Kreis der Bildungsbürger eine Rückorientierung zur Kirche, so bei Goerres und August Reichensperger, der später eine der wichtigsten Personen in der Katholischen Fraktion und im Zentrum war. Den ersten Zusammenschluss nach dem Paulskirchenparlament, der einer politischen Partei nahe kam, war die Bildung der Katholischen Fraktion im preußischen Landtag 1852. Initiiert wurde diese durch Peter Reichensperger mit dem Ziel, die Rechte der katholischen Kirche zu verteidigen. Vorausgegangen war der Gründung der Versuch des Kultusministers Carl von Raumer, die Missionstätigkeit der Jesuiten in Preußen zu behindern und das Studium am Collegium Germanicum in Rom von seiner Zustimmung abhängig zu machen. Es wurde bei der Gründung der Fraktion auf die Formulierung eines Programms verzichtet, da die Interessen der Mitglieder zu verschieden waren; ihre eigentliche Gemeinsamkeit bestand fast ausschließlich in der katholischen Konfession. In der Reaktionszeit wurde vor allem daran gearbeitet, in Verwaltung, Heer und Schuldienst Katholiken gemäß dem Bevölkerungsverhältnis von 2:5 anzustellen.

Im sich abzeichnenden Konflikt Preußens mit Österreichs um die deutsche Einigung stand die Katholische Fraktion für eine Einigung unter Einschluss Österreichs ein, stellte dieses doch die katholische „Schutzmacht" in Deutschland dar.

Problematisch für die Katholische Fraktion erwies sich ihre Uneinheitlichkeit. Eine geschlossene Haltung der ganzen Fraktion ließ sich in für die Kirche bedeutsamen Fragen, wie etwa der Ablehnung der Zivilehe 1859, erreichen. Dies spiegelte sich in Stimmenverlusten wieder. So fiel die Fraktion in der Wahl zur Legislaturperiode 1862/63 von 50 auf 31 Mitglieder herab. Im Heereskonflikt nahmen die inneren Spannungen zwischen Konservativen und Liberalen noch weiter zu. Drei Gruppen bildeten sich in der Fraktion heraus.

Mitglieder und Wahlkreise

Legislaturperiode	Mit-glieder	Wahlkreise (nach Provinzen)					
		Rhein-provinz	West-falen	Schle-sien	Preu-ßen	Sach-sen	Hohen-zollern
III. 1852–1855	63[1]	33	17	9	4	0	0
IV. 1855–1858	58[2]	27	16	12	2	1	0
V. 1859–1861	56[3]	22	16	8	7	2	1
VI. 1862	50	18	15	9	6	2	0
VII. 1862–1863	31	8	10	7	4	2	0
VIII. 1863–1866	29	5	9	11	3	1	0
IX. 1866–1867	15	3	7	0	3	2	0

Abb. 1: Die bürgerlichen und kleinbürgerlichen Parteien und Verbände in Deutschland (1789-1945)[12]

Die Liberalen unter der Führung von Rohden waren gegen die Pläne der Regierung. Sie repräsentierten vor allem liberale Kreise des Rheinlandes. Auch im polnischen Aufstand 1863 standen sie auf der Seite der (katholischen) Polen.

Die Konservativen unter der Führung von Osterrath unterstützten vorbehaltlos die Linie der Regierung.

In der Mitte stand die Gruppe um Peter Reichensperger, die im Heereskonflikt zwar prinzipiell für eine Heeresreform war, aber die Art der Durchführung unter Umgehung des Landtages missbilligte. Nach außen hin versuchte diese Gruppe zu vermitteln, jedoch gelang es nicht einmal im Inneren, Einigkeit herzustellen. Dementsprechend bestand die Fraktion in der 9.Legislaturperiode nur noch aus 15 Mitgliedern, von denen 10 aus dem Rheinland und Westfalen kamen. 1867 waren die Abgeordneten nicht mehr zu einem Zusammenschluss in der Katholischen Fraktion zu bewegen, weshalb diese aufgelöst wurde.

Die Wählerschaft des Zentrums war sehr heterogen zusammengesetzt; die wichtigste Gemeinsamkeit bestand in der katholischen Konfession. Oft wird dieses Milieu durch versuchte Übergriffe des Staates auf die Rechte der katholischen Kirche geeint. Sie ist „in das jeweilige lokale Milieu der katholischen Gemeinden eingebettet, mit den katholischen Pfarrämtern, den katholischen Honoratioren und dem dichten Netz des oft unter geistiger Führung stehenden und vielfach beruflich aufgefächerten katholischen Vereinswesens verflochten war und von der lokalen und regionalen katholischen Presse unterstützt wurde."[13].

---

[12]Dieter Fricke (Hg): Lexikon zur Parteiengeschichte. Die bürgerlichen und kleinbürgerlichen Parteien und Verbände in Deutschland (1789-1945). In vier Bänden, Köln 1985, Band 3, S.225.
[13] Gerhard A. Ritter: Die deutschen Parteien 1830-1914. Parteien und Gesellschaft im konstitutionellen Regierungssystem, Göttingen 1985, S.51.

3.5 Parteidisziplin

In Zeiten, in denen der Abgeordnete große Unabhängigkeit von seiner Fraktion genießt, weil er nicht zwingend auf sie angewiesen ist, um wieder gewählt zu werden, ist die Disziplin der Fraktion relativ gering. Dies zeigte sich vor allem in einem unabhängigen Abstimmungsverhalten der Abgeordneten, so dass von Fraktionszwang hier keine Rede sein konnte. Ein Beispiel hierfür war auch der Streit über die Namensgebung der Fraktion und ob es Mitgliedern anderer Konfessionen erlaubt sein solle, dieser anzugehören. Anfang der Legislaturperiode von 1855-1858 versuchten die Brüder Reichensperger, den konfessionellen Namen der Fraktion zu ändern, zumal dieser die Realitäten in der Fraktion auch nur unzureichend wiedergab. „Tatsächlich war ja die Fraktion längst eine politische Fraktion durchaus paritätischer Richtung geworden, nur mit konfessioneller Firma. Bei den Verhandlungen der neuen Legislaturperiode bildete sich dieser Charakter immer schärfer heraus. Aus dem Grundsatze der Verfassungstreue zog sie dauernd die Folgerung, daß sie die Rechtsstellung der evangelischen Landeskirche, der Dissidenten und der Juden genau ebenso verteidigte wie die Rechtsstellung der katholischen Kirche. Wo die staatsbürgerliche Gleichberechtigung der Juden, die damals mannigfachen Anfechtungen unterlag, in Frage kam, trat namentlich Peter Reichensperger [...] dafür ein."[14]. Auch hätte eine Namensänderung die Zusammenarbeit mit den Liberalen vereinfacht. Jedoch war der Einfluss dieser exponierten Personen in der Fraktion überschätzt und die Wichtigkeit der konfessionellen Klammer unterschätzt worden, und so wurde der Antrag abgelehnt.[15] Besonders in den letzten Jahren der Katholischen Fraktion kam es mehrfach zu gespaltenen Abstimmungen, so etwa im Heereskonflikt. Die Folge dieser Haltung war, dass in der nächsten Wahl die „besonnenen" Kräfte abgestraft wurden. Nur Peter Reichensperger erhielt wieder ein Mandat, August Reichensperger und Mallinckrodt nicht.

---

[14] Karl Bachem: Vorgeschichte, Geschichte und Politik der deutschen Zentrumspartei. Zugleich ein Beitrag zur Geschichte der katholischen Bewegung, sowie zur allgemeinen Geschichte des neueren und neuesten Deutschlands 1815-1914, 9 Bände, 2.Bd, Köln 1927, S.143.
[15] Dies war nicht der einzige gescheiterte Versuch, die konfessionelle Klammer im Namen zu ersetzen, wie man aus den Tagebüchern von August Reichensperger erfährt: „Bei Beginn der Legislaturperiode wurde mein und meines Bruders Vorschlag, den Namen Katholische Fraktion fallen zu lassen, zum z w e i t e n Male verworfen.". Im Jahr 1862 heißt es hier: „Die konfessionelle Klammer (Katholische Fraktion) soll durch ein kurzes Programm ersetzt werden. Hätte man doch schon v o r s i e b e n J a h r e n unserm daraufgerichteten Antrage nachgegeben.". in: Pastor: August Reichensperger, 1.Bd.,S.425 und 442; zitiert in: Karl Bachem: Vorgeschichte, Geschichte und Politik der deutschen Zentrumspartei, 2.Bd., S.144.

3.6 Parteiprogramm

Obwohl es nie ein Programm der Katholischen Fraktion gegeben hat, da die heterogene Fraktion sich nicht auf ein solches einigen konnte, gab es einen Programmentwurf von Mallinckrodt und ein Wahlprogramm von August Reichensperger zu den Wahlen 1863. In Mallinckrodts Programmentwurf wird zuerst die wichtige Rolle des Christentums als „wesentliche Unterlage eines gerechten, freien Staatswesens"[16] betont und die Notwendigkeit beschrieben, dass im protestantischen Preußen die Parität der Konfessionen hergestellt und gewahrt werden müsse.

Des Weiteren wird die Bindung von Staat und Königtum an die Verfassung beschrieben, deren „Rechtssphäre in dem Rechte der Individuen, Familien und Korporationen ihre Beschränkung findet"[17]. Darüber hinaus müsse Gemeinden, Kreisen und Provinzen mehr Unabhängigkeit eingeräumt werden.

Da die Grundsätze der Moral und des Rechtes auch für die Politik gelten und derjenige seine Rechte verwirkt, der die Rechte anderer verneint, wird in diesem Programmentwurf die Bekämpfung revolutionärer Bestrebungen in der Innen- und Außenpolitik Preußens als Ziel der Katholischen Fraktion genannt. Gefordert wird weiterhin eine stärkere Einigung der deutschen Staaten und die Schaffung einer Zentralgewalt, jedoch nicht um den Preis der „Sprengung des Bundes und Zerteilung der Nation."[18]. Die „deutsche Frage" sollte unter Einschluss aller Einzelstaaten und nicht durch das einseitige Durchsetzen der Machtinteressen Österreichs oder Preußens gelöst werden.

Die einzelnen Punkte dieses Programms waren unstrittig, gehörten sie doch zum Selbstverständnis des politischen Katholizismus und waren darüber hinaus relativ vage formuliert und ohne politische Brisanz. Jedoch wurde das Programm abgelehnt, da einige Fraktionsmitglieder darauf bestanden, im Programm den Ausschluss von Nichtkatholiken aus der Fraktion festzulegen.

Das Wahlprogramm von August Reichensperger ist auch vage gehalten und wiederholt die Grundsätze der Katholischen Fraktion.

Als ein Ziel wird die „freie Kirche im freien Staate"[19] gefordert. Überhaupt wurzele die Freiheit im Christentum. Die Kirche solle sich selbst verwalten, dem Volk solle die Möglichkeit zur „Fortbildung" gegeben sein. Zugleich bekennt sich das Programm zu der

---

[16] Karl Bachem: Vorgeschichte, Geschichte und Politik der deutschen Zentrumspartei, 2.Bd, S.219.
[17] Ebd.
[18] Ebd., S.220.
[19] Ebd.

Idee, dass „die monarchische Ordnung mit einem starken Königtum an der Spitze der beste Schirm"[20] der verfassungsgemäßen Rechte des Volkes und der Kirche sei.

Die Einigung Deutschlands solle nicht „im Sinne des sardinischen „Fortschritts""[21] erfolgen. Außerdem sollen die Staatslasten gerecht verteilt werden und der Staatshaushalt einer Kontrolle unterliegen, um insbesondere die Ausgaben für militärische Zwecke soweit zu beschränken, wie es die Aufrechterhaltung der allgemeinen Sicherheit zuließe. Dies solle eine Alternative darstellen zu durch unkontrollierte Militärausgaben erzwungene Steuererhöhungen.

4. Presse

Die Ziele einer zu schaffenden eigenen politischen Zeitung wurden schon im Vormärz formuliert. Besonders auf den Katholikentagen wurde oft ein katholisches „Zentralblatt" gefordert.[22] Als wichtigstes Ziel wurde die „Belebung des religiösen und Rechtsgefühls"[23] angesprochen. Als vorbildhaft wird hier die eigene Presse der Protestanten und Juden gesehen, „welche mit rastlosem Eifer die Interessen ihrer Konfessionen vertreten..."[24]. Während andere konfessionelle Gruppen Vertretungen in der Presselandschaft haben, sehe sich der Katholizismus fortwährend Anfeindungen ausgesetzt. „Während die Anfeindungen alles dessen, welches den Katholiken heilig und teuer ist, auch in einzelnen Zeitungen, Zeitschriften, Romanen und so weiter sich täglich häuften, geschah nur sehr wenig zur Widerlegung unbegründeter Anschuldigungen und selbst boshafter Verleumdung, zur Belehrung und Aufklärung der unbelesenen Menge."[25].

Noch 1856 sah sich das katholische Lager oft als angefeindet; von 450 großen Zeitungen wurden 400 als „entschieden antikirchlich"[26] und nur sechs als katholisch eingestuft. Schon im badischen Kirchenstreit und im badischen Schulstreit, vor allem aber im Kulturkampf zeigte sich, dass die katholische Presse von staatlichen Übergriffen auf den Katholizismus

---

[20] Ebd.

[21] Ebd.

[22]F.J.Buß auf der Generalversammlung 1848: „Der Organisation bedarf auch die katholische Presse. Dieses Geschäft liegt den Vereinen ob. Sie haben ein Centralblatt zu stiften und zu unterstützen, aber nicht blos mit Geld, sondern auch mit geistigen Schätzen. An dieses Centralblatt haben Blätter sich anzuschließen; in jedem Bistum soll eine besondere Zeitung sein, die von jenem ihre Richtung empfängt."; zitiert in: Anton Rauscher(Hg): Der soziale und politische Katholizismus, Bd. 2, S.413.

[23] Programm einer politischen Zeitung am Rhein, 1844, abgedruckt bei Karl Bachem, Josef Bachem, Köln 1912, S.378; in: Ludwig Bergsträßer: Der politische Katholizismus, S.98-101, hier S.98.

[24] Ebd., S.98.

[25] Ebd., S.99.

[26] Anton Rauscher(Hg): Der soziale und politische Katholizismus, Bd. 2, S.414; zitiert wird hier Anton Ludwig von Essen auf dem Katholikentag 1856.

profitierte. „Überall entstanden neue Zeitungen, von denen zwar viele später wieder verschwanden, die aber während des Kulturkampfes dazu beitrugen, bis in die entlegendsten Ortschaften die katholische Bevölkerung aufzurütteln...“[27]. Hierbei bildeten sich einige wichtige katholische Druckereien heraus, wie die Bonifacius-Druckerei in Paderborn und die Paulinus-Druckerei in Trier.

5. Sonstige Vereinigungen

Der politische Katholizismus konnte sich auf einen Unterbau von katholischen Vereinen stützen, die zwar oftmals aus ihrem Selbstverständnis heraus unpolitisch waren und sich in erster Linie mit der Pflege kirchlicher Gesinnung oder Wohltätigkeit befassten, jedoch auch – da sie häufig unter geistlicher Leitung standen – die Meinung ihrer Mitglieder zum politischen Tagesgeschehen prägten. Nach dem Wegbrechen der überkommenen sozialen Ordnung und damit auch der sozialen Wirksamkeit des deutschen Katholizismus. Doch im Kontext der katholischen Aufklärung und der kirchlichen Erneuerung entstand eine breite Palette von Gruppen, Vereinen und Zeitungen von Laien und Priester. Durch die weitgehend feindliche Gesellschaft wurden die Bindungskräfte dieses Milieus nachhaltig gestärkt. Zudem verschwamm in Zeiten staatlicher Übergriffe auf kirchliche Rechte die Grenze zwischen kirchlichen und politischen Belangen, was weiter mobilisierend wirkte.

5.1 Katholischer Verein Deutschlands (KVD) 1848-1858

Der KVD war die Dachorganisation der nach der 1848er Revolution in Deutschland entstehenden Pius-Vereine. Seine soziale Basis spiegelte die ganze Heterogenität des katholischen politischen Lagers wieder. 1848 umfasste der KVD etwa 100.000 Mitglieder. Der erste Piusverein wurde 23.03.1848 in Mainz gegründet, sein Zweck wurde in seinen Statuen folgendermaßen beschrieben: „Der Verein, huldigend dem Grundsatz der Freiheit und vollständiger Parität in religiösen Dingen, wird zunächst darüber wachen, daß die Freiheit und Parität in keiner Weise und von keiner Seite her zum Nachteil der katholischen Religion verletzt werde.“[28]. „Um seinen Grundsätzen Anerkennung und Ausbreitung zu verschaffen, wird der Verein vor allem des Rechtes der freien Rede und der freien Presse sich bedienen.“[29].

---

[27] Anton Rauscher(Hg): Der soziale und politische Katholizismus, Bd. 2, S.418f.
[28] Johannes B. Kißling: Geschichte der deutschen Katholikentage, Bd.1, Münster 1920, S.198, zitiert in: Dieter Fricke (Hg): Die bürgerlichen Parteien in Deutschland. Handbuch der Geschichte der bürgerlichen Parteien und anderer bürgerlicher Interessenorganisationen vom Vormärz bis zum Jahre 1945, 2 Bände, Bd.2, S.279.
[29] Ebd., S.729f.

Es gelang den Piusvereinen, zum Teil in Zusammenarbeit mit den Liberalen, 31 Mitglieder katholischer Laienkreise in die Frankfurter Nationalversammlung zu wählen. Am 6.10.1848 schlossen sich die Piusvereine zum KVD zusammen, um ihre politische Arbeit besser koordinieren zu können. Die Statuten halten fest: „Der Verein stellt sich die Aufgabe: a) die Verwirklichung der Freiheit der Kirche und aller ihrer Rechte durch die ihm zu Gebot stehenden gesetzlichen Mittel anzustreben; b) die Freiheit des Unterrichts und der Erziehung zu erringen und zu sichern... d) zur Hebung der herrschenden sozialen Missverhältnisse und Übelstände nach Kräften beizutragen...“[30]. Im Laufe des Untergangs der Märzministerien stellte sich der KVD zunehmend auf die Seite der Herrschenden und stellte sich diesen gegenüber als „einzig verläßlicher Damm gegen alle revolutionären Bestrebungen und allein kompetent und fähig für die Lösung der sozialen Fragen“[31] dar. Die Gründe hierfür liegen in den verschobenen Kräfteverhältnisse zugunsten der alten Ordnung durch die erfolgreichen Gegenrevolutionen in Berlin und Wien, sowie in der Furcht vor einer zweiten Revolution demokratischer Kräfte. Außerdem waren die Debatten über den Grundrechtekatalog beendet und die kirchliche Freiheit durch die oktroyierten Verfassungen in Österreich und Preußen gesichert. 1858 benannte sich der KVD um in Generalversammlung des katholischen Vereins Deutschlands.

5.2   Katholikentag 1848-1932

Eigentlich eine religiöse Versammlung von Delegierten aus den Piusvereinen, wurden auf den meist in Süddeutschland stattfindenden Katholikentagen auch politische Orientierungen gefördert, wenn etwa „Liberalismus, Sozialismus und Kommunismus als Hauptübel der neuen Zeit verdammt wurden.“[32].

5.3   Katholische Gesellenvereine (KGv) 1846-

Zielsetzung der KGv war es, Handwerksgesellen sowohl religiöse Unterweisung bereitzustellen als auch Möglichkeiten der beruflichen Fortbildung und gemeinsamer Aktivitäten. Der Gründer, Adolf Kolping, sah den KGv auch als Schutz gegen die gefährlichen Lehren des Liberalismus und Sozialismus und als „Heilmittel für viele Wunden

---

[30] Theodor Palatinus: Entstehung der Generalversammlung der Katholiken Deutschlands und die erste grundlegende zu Mainz im Jahre 1848, Würzburg 1893, S.160f, zitiert in: Dieter Fricke (Hg): Die bürgerlichen Parteien in Deutschland. Handbuch der Geschichte der bürgerlichen Parteien und anderer bürgerlicher Interessenorganisationen vom Vormärz bis zum Jahre 1945, 2 Bände, Bd.2, S.281f.
[31] Dieter Fricke (Hg): Die bürgerlichen Parteien in Deutschland, Bd.2, S.282.
[32] Dieter Fricke (Hg): Lexikon zur Parteiengeschichte, Bd.3, S.184.

und Schäden im Volke"[33]. Gleichwohl untersagte das Vereinsstatut den lokalen Vereinen jedwede religiöse und politische Polemik. „Der Gesellen-Verein hat sich weder um die Politik noch um irgendeine öffentliche Angelegenheit zu kümmern,..."[34]. „Zunächst liegt es auf flacher Hand, daß, wenn irgendetwas, die Politik oder öffentliche Angelegenheiten vorzugsweise Gegenstände sind, die weit aus dem Gesichtskreise von Handwerksburschen liegen und liegen sollten. [...] Was soll der Geselle oder endlich der Meister dann mit diesem Werkzeug [der Kenntnis über die Politik, Anm. d. Verf.] machen? Sich den Kopf einschlagen und sich für seinen wirklichen völlig untauglich machen? [...] Diejenigen, die das Volk zur Politik erziehen wollten, haben es ja klar und deutlich dargetan, daß nicht das Volk, sondern sie mit dem Volke Politik treiben [im Original hervorgehoben] wollten, daß die armen, in den Zauberkreis ihrer politischen Pläne gelockten und darin berauschten Leute aus dem Volke nur das Werkzeug sein sollten, womit sie sich selbst die gebratenen Kastanien aus den glühenden Kohlen herauszuholen versuchten."[35]

Bei der Generalversammlung des KGv 1853 zeigte sich, welche Bedeutung er gewonnen hatte allein schon durch die Tatsache, dass er nun 10.000 Mitglieder hatte und damit die größte soziale Organisation in Deutschland war[36] und allein aufgrund seiner Größe schon nicht unbeachtet von der politischen Sphäre sein konnte. Auch wenn das Vereinsverbot von 1854 den KGv nicht betraf, schien die Gefahr einer staatlichen Einflussnahme gegeben, weil sich einige Gesellenvereine trotz der in den Statuten erklärten politischen Neutralität politisch engagierten. Diesen Gesellenvereinen wurde der Ausschluss angedroht[37]. So steht der KGv nach außen hin über den regionalen und nationalen Grenzen, denn ... „es liege im Interesse der Sache, die Landeseigentümlichkeiten, in soweit sie nur zum Guten dienen können, auch im Vereinsleben zu schonen und sogar unter Umständen zu pflegen. Wogegen wir nur uns aus allen Kräften erklären müssten, wäre das Betonen einer bestimmten Nationalität im Vereine ... ."[38]. Das politische Wirken des KGv könnte man als indirekt beschreiben . Natürlich trug man durch die religiöse Unterweisung der Mitglieder auch zu einer Konsolidierung des

---

[33] Adolf Kolping: Der Gesellenverein. Zur Beherzigung für Alle, die es mit dem wahren Volkswohl gut meinen, Köln-Neuß 1849, S.8, in: Dieter Fricke (Hg): Lexikon zur Parteiengeschichte, Bd.3, S.229.
[34] 6.Brief über den katholischen Gesellenverein, Rheinische Volksblätter 2, 1855, S.250-255, zitiert in: Hans Joachim Kracht: Organisation und Bildungsarbeit der Katholischen Gesellenvereine (1846-1864), Reihe: Die Arbeiterbewegung in den Rheinlanden, Nr.3, herausgegeben von Günter Bers und Michael Klöcker Köln 1975, S.84.
[35] Ebd., S.84f.
[36] Vgl.: ebd., S.8.
[37] Vgl. Brief Kolpings an Gruscha, 11.12.1860, zitiert in: Hans Joachim Kracht: Organisation und Bildungsarbeit der Katholischen Gesellenvereine, S.9f: „Wenn wir hören, daß irgendein Gesellenverein sich ganz oder zum Teil sich an Demonstrationen politischer Art, an Lärm und Exzessen, wie sie Namen haben beteiligt, werden wir sie ausschließen von der Verbrüderung.".
[38] Brief des Gesellenvereins in Amerika, zitiert in: Hans Joachim Kracht: Organisation und Bildungsarbeit der Katholischen Gesellenvereine, S.11.

politischen Katholizismus bei. Kolping war auch kein unpolitischer Mensch. Jedoch vertrat er die Überzeugung, dass politische Fragen nicht „… in Gnade und Barmherzigkeit sondern in Gerechtigkeit gelöst (werden). Das soziale Leben in allen seinen Verzweigungen ruht auf dem richtigen Recht und soll in entsprechenden Gesetzen seinen wahren Schutz und seine Wehr finden."[39]. Sein Weg hin zu größerer sozialer Gerechtigkeit ging jedoch über eine mehr oder minder gewaltsame oder erzwungene Veränderung der bestehenden Gesellschaft sondern über eine Veränderung des Einzelnen, was auch dementsprechend ein Ziel des Bildungsangebotes des KGv war[40].

Bei allen bisher betrachteten katholischen Vereinigungen fällt auf, dass ihr Wirken zwar religiös begründet ist (mit Ausnahme der Gesellenvereine als soziale Einrichtung), sie aber auch versuchen, politischen Einfluss zu nehmen auf mehrere Arten. So wird versucht, die Mitglieder durch die katholische Lehre zu „immunisieren" gegen neue Ideen wie Liberalismus und Sozialismus. Zudem wird in politischen Wahlen oft Partei genommen für katholische Bewerber. Auch im Falle von staatlichen Angriffen auf Rechte der katholischen Kirche, wie etwa bei der Schulausbildung, stellt das katholische Vereinswesen eine politische Machtgruppe dar. Zudem stellt der Katholizismus durch die katholische Soziallehre eine Alternative zum Sozialismus bereit, weshalb er zum Teil auch Unterstützung durch die Staaten erhält.

---

[39] Adolf Kolping: Politisches Tagebuch, zitiert in: Hans Joachim Kracht: Organisation und Bildungsarbeit der Katholischen Gesellenvereine, S.15.
[40] Vgl.: Adolf Kolping: Gesellenverein, zitiert in: Hans Joachim Kracht: Organisation und Bildungsarbeit der Katholischen Gesellenvereine, S.15: „Helft eine bessere Zukunft schaffen, indem ihr sie erziehen helft.".

6. Abschließende Diskussion

Nach der Vorstellung verschiedener Formen der Organisation des politischen Katholizismus stellt sich die Frage, welche Form der Organisation in dieser Zeit am erfolgreichsten war, wobei es zuerst nötig ist, die Parameter des Erfolges festzulegen. Dies soll hier im Verhältnis an den vom politischen Katholizismus angestrebten Zielen erfolgen. Diese waren in erster Linie passiver Natur. Es ging nicht darum, einen Wandel einzuleiten oder Reformkräfte zu unterstützen, sondern darum, auf ändernde Kräfte aus der politischen Elite zu reagieren und eine „Demontage" der gesellschaftlichen Position der katholischen Kirche zu verhindern.

Dies fällt vor allem in der parlamentarischen Vertretung des politischen Katholizismus, der Katholischen Fraktion, auf, bei der diese „konfessionell-reaktionäre" Klammer die größte - wenn nicht zum Teil sogar die einzige – Bindung der im Grunde individualistisch gesonnenen Abgeordneten darstellte.

Insgesamt betrachtet hat sich das Wirken einer politischen Partei zu Gunsten des politischen Katholizismus als nur bedingt erfolgreich erwiesen. Die Bindungskräfte zwischen den Mitgliedern der Katholischen Fraktion erwiesen sich als zu gering, um die Programmatik über das Ziel der Verteidigung der Rechte der katholischen Kirche hinauswachsen zu lassen. Schließlich waren die Fraktionsmitglieder auch nicht auf die Hilfe der Fraktion angewiesen, um gewählt zu werden. Im Gegenteil konnte ihnen in Wahlen die vorherige Performanz der Fraktion den eigenen Landtagssitz kosten. An Dinge wie Fraktionszwang war in einer solchen Situation gar nicht zu denken.

Die katholische Presse blieb in ihrer Meinungsbildungsfunktion weitgehend auf das katholische Milieu beschränkt. Dennoch ist ihre Bedeutung nicht zu unterschätzen, da sie eine mobilisierende und verbindende Wirkung auf die katholische Öffentlichkeit hatte.

Das stark ausgeprägte katholische Vereinswesen hat sicherlich einen großen Beitrag zur Politisierung und Mobilisierung der katholischen Bevölkerungsteile beigetragen. Durch die Durchdringung des Privatlebens mit spezifisch katholischen Organisationen wurde nachhaltig ein Milieu abgegrenzt. Die große Geschlossenheit dieses Milieus ließ sich auch politisch nutzen, so dass die erfolgreiche Schaffung einer katholisch-politischen Öffentlichkeit als stärkster Garant für die Durchsetzung der Ziele des politischen Katholizismus gelten kann.

Literaturverzeichnis

Karl Bachem: Vorgeschichte, Geschichte und Politik der deutschen Zentrumspartei. Zugleich ein Beitrag zur Geschichte der katholischen Bewegung, sowie zur allgemeinen Geschichte des neueren und neuesten Deutschlands 1815-1914, 9 Bände, Köln 1927.

Ludwig Bergsträsser: Geschichte der politischen Parteien in Deutschland. 8/9.Aufl, München 1955.

Ludwig Bergsträsser: Der politische Katholizismus. Dokumente seiner Entwicklung (1815 bis 1870), München 1921-23, Nachdruck Hildesheim/New York 1976.

Dieter Fricke (Hg): Die bürgerlichen Parteien in Deutschland. Handbuch der Geschichte der bürgerlichen Parteien und anderer bürgerlicher Interessenorganisationen vom Vormärz bis zum Jahre 1945, 2 Bände, 2.Auflage 1974.

Dieter Fricke (Hg): Lexikon zur Parteiengeschichte. Die bürgerlichen und klein-bürgerlichen Parteien und Verbände in Deutschland (1789-1945). In vier Bänden, Köln 1985.

Helga Grebing(Hg): Geschichte der Sozialideen in Deutschland. Sozialismus-Katholische Soziallehre-Protestantische Sozialethik. Ein Handbuch, Essen 2000.

Oscar W. Gabriel/Oskar Niedermayer/Richard Stöss (Hg): Parteiendemokratie in Deutschland, 2.Aufl, Bonn 2001.

Hans Joachim Kracht: Organisation und Bildungsarbeit der Katholischen Gesellenvereine (1846-1864), Reihe: Die Arbeiterbewegung in den Rheinlanden, Nr.3, herausgegeben von Günter Bers und Michael Klöcker, Köln 1975.

Thomas Nipperdey: Die Organisation der deutschen Parteien vor 1918, Reihe Beiträge zur Geschichte des Parlamentarismus und der politischen Parteien, Band 18, Düsseldorf 1961.

Dieter Nohlen (Hg): Kleines Lexikon der Politik, München 2001.

Anton Rauscher (Hg): Der soziale und politische Katholizismus. Entwicklungslinien in Deutschland 1803-1963, 2 Bände, München/Wien 1982.

Gerhard A. Ritter: Die deutschen Parteien 1830-1914. Parteien und Gesellschaft im konstitutionellen Regierungssystem, Göttingen 1985.